Emma

à l'Opéra de Paris

playBac

Ont participé à la réalisation
de cet ouvrage : M. Baudry, J.-L. Broust, K. Lebonnois, L. Maj, K. Marigliano, N. Michelotto, C. Moubinous pour Fujiyama, C. Onnen, M. Seger.
Illustrations : Julie Camel. Avec les motifs de Charlotte Segond-Rabilloud.

Crédits photographiques : Adobe Stock/ Andriy Bezuglov (danseuse), fotofabrika (chaussons), jeancliclac (ballet), Kseniia (cours de danse), PUNTO STUDIO FOTO AG (palais Garnier).

playBac

mini miki
DÉCOUVRE LE MONDE

14 bis, rue des Minimes
75003 Paris
www.playbac.fr

ISBN : 9782809664256
Dépôt légal : octobre 2018
Imprimé en Chine

Mode d'emploi

Crée tes poupées !

1. Choisis ta poupée.

2. Si elle est en sous-vêtements, dessine ses habits.

3. Décore ses vêtements en dessinant des motifs et colorie ton dessin.

4. Ajoute des accessoires grâce aux stickers ! Certains sont déjà tout prêts, d'autres sont à colorier. Tu peux aussi dessiner toi-même directement sur ta poupée.

Les chaussons de danse

Les chaussons sont importants. Ils doivent correspondre parfaitement au pied de la danseuse pour ne pas la blesser. Les danseuses ont chacune leurs astuces pour **améliorer** leurs chaussons : renforcer les pointes, assouplir la semelle, mais aussi coudre les lacets font partie des gestes essentiels !

Les danseuses débutantes portent **des demi-pointes**, dont le bout est arrondiet souple. Plus tard, quand leur professeur les estimera prêtes, les danseuses porteront **des pointes**, dont le bout est plat et dur. Elles pourront ainsi se mettre sur le bout des orteils.

Quelques exemples

Les vêtements de cours de danse

Lors des cours, les danseuses portent **un justaucorps**. Moulant, il permet ainsi au professeur de bien voir la position du corps et de la corriger si besoin. Le justaucorps peut avoir une jupette et il se porte sur **une paire de collants roses ou clairs**.

Lors des échauffements, les danseuses portent différents vêtements pour garder leur corps au chaud et ainsi éviter de se faire mal. Pour protéger leurs chevilles, elles utilisent **des guêtres** : ce sont des sortes de longues chaussettes chaudes sans pied. Pour le haut du corps, elles mettent parfois **un cache-cœur**, un petit gilet moulant qui se croise sur le devant.

Et maintenant à toi de jouer ! Tu peux colorier les poupées en t'inspirant des modèles, ou réaliser tes propres créations.

Les cours

Un cours de danse classique est en général composé de **3 moments** : les étirements et échauffements, le travail à la barre et le travail au centre de la salle. On y apprend les positions de base et différents mouvements, comme le pas chassé ou l'entrechat.

La plus prestigieuse de toutes les écoles est l'**École de danse de l'Opéra national de Paris,** qui forme de futurs danseurs professionnels. Les élèves ont classe le matin et cours de danse l'après-midi. Le concours d'entrée est très difficile. Les jeunes danseurs sont surnommés les petits rats de l'Opéra. Seuls certains d'entre eux deviendront **des danseurs étoiles** !

Bonjour !

Je m'appelle Emma
et j'habite en France, à Paris.
Je vais te faire découvrir le monde
de la danse classique.

Le spectacle donné par les danseuses et les danseurs s'appelle **un ballet**. C'est en France que les premières règles du ballet ont été fixées, au XVIIe siècle.

Bien sûr, les danseuses et les danseurs peuvent danser n'importe où, mais les plus beaux ballets ont souvent lieu à l'Opéra ! Toutefois, avant d'y danser, il leur faut beaucoup de travail.

Les ballets

Un des ballets les plus célèbres est celui de ***Casse-noisette***, dont la musique a été composée par Tchaïkovski. Il raconte l'histoire de Clara, qui, le soir de Noël, reçoit un casse-noisette en bois en forme de soldat. Pendant la nuit, les jouets laissés dans le salon s'animent et le casse-noisette se transforme en prince…

L'autre ballet inoubliable de Tchaïkovski est ***Le Lac des cygnes***. Le jeune prince Siegfried y tombe amoureux de la belle Odette, soumise à un sortilège : elle est condamnée à être un cygne le jour et à ne retrouver son apparence réelle que la nuit.

Les vêtements de ballet

Lors des ballets, les danseuses portent un tutu : une jupe composée de tissus **légers et transparents**, comme le tulle. Il existe des tutus courts et des tutus longs. Le tutu est porté avec un **bustier**, un corsage très près du corps qui laisse les épaules nues. Et, bien sûr, les danseuses ont toutes aux pieds les fameux chaussons de danse !

Avec des épingles et un filet transparent, les danseuses se font **un chignon** pour dégager leur cou. Selon les ballets, les danseuses portent des décorations dans leurs cheveux : des diadèmes, des couronnes de pierreries, de plumes ou de fleurs...

Le Palais Garnier

Le Palais Garnier, aussi appelé **Opéra Garnier**, est un magnifique monument au cœur de Paris, dédié aux ballets, à l'opéra et aux concerts. Il tire son nom de son architecte, Charles Garnier.

L'intérieur de l'Opéra est impressionnant avec toutes **ses dorures** et son marbre. Un superbe grand escalier conduit à la salle de spectacle, aux tons rouges et ors. Du plafond peint par le célèbre Marc Chagall, pend un incroyable lustre de cristal haut comme une maison de 2 étages !

Le Palais Garnier abritait autrefois l'École de danse de l'Opéra de Paris. Désormais, elle est à Nanterre, en région parisienne.

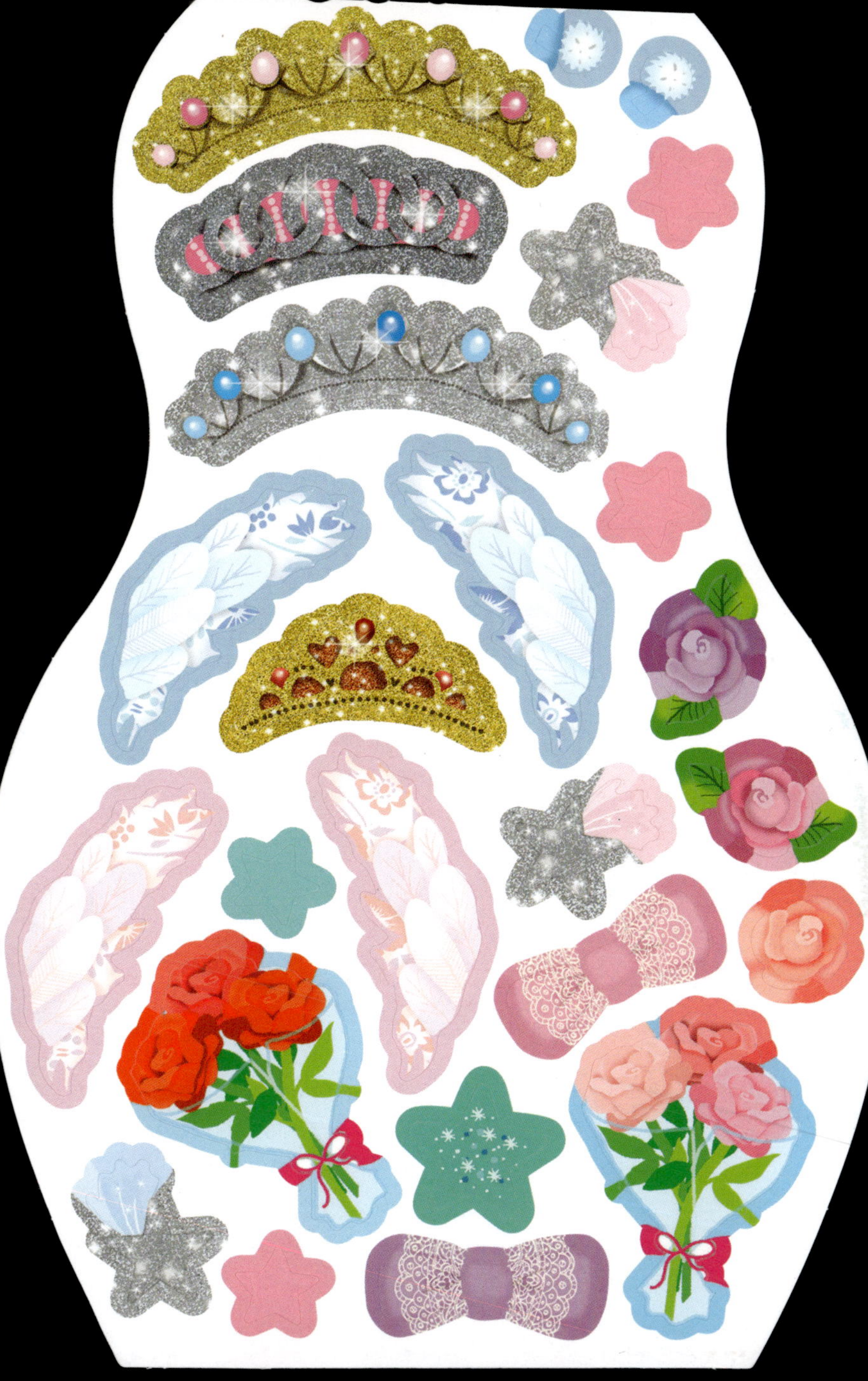

I LOVE

I LOVE

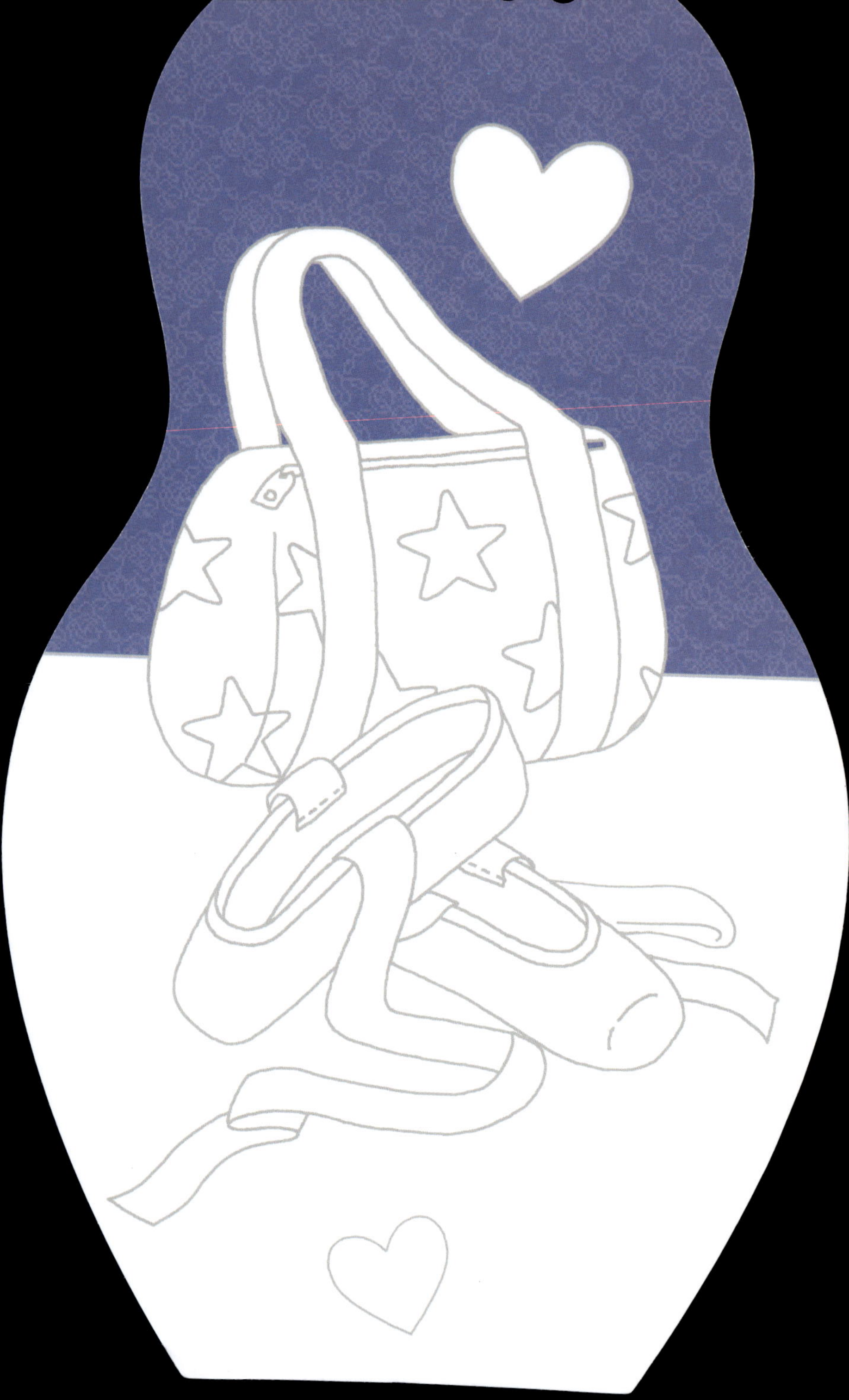

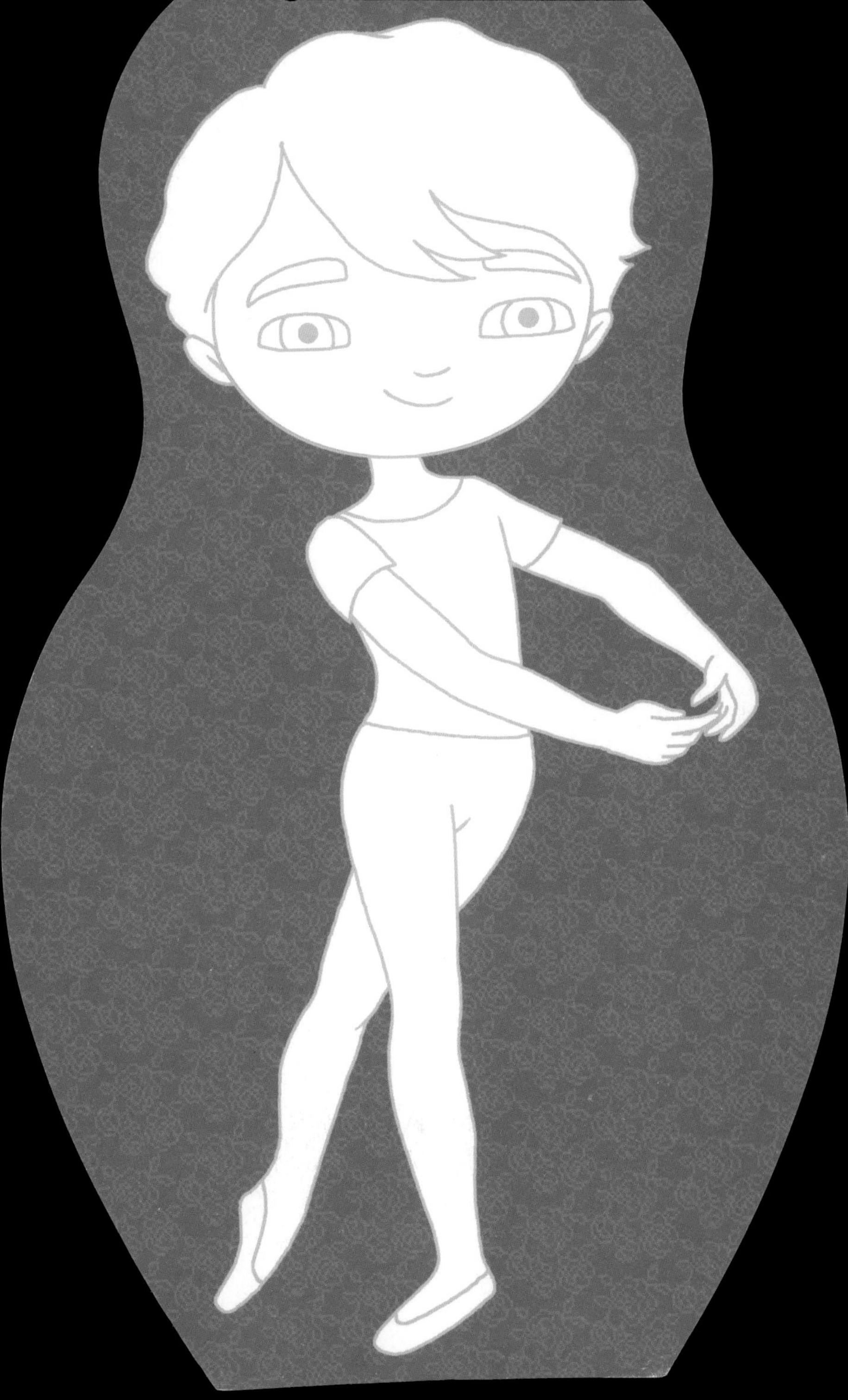

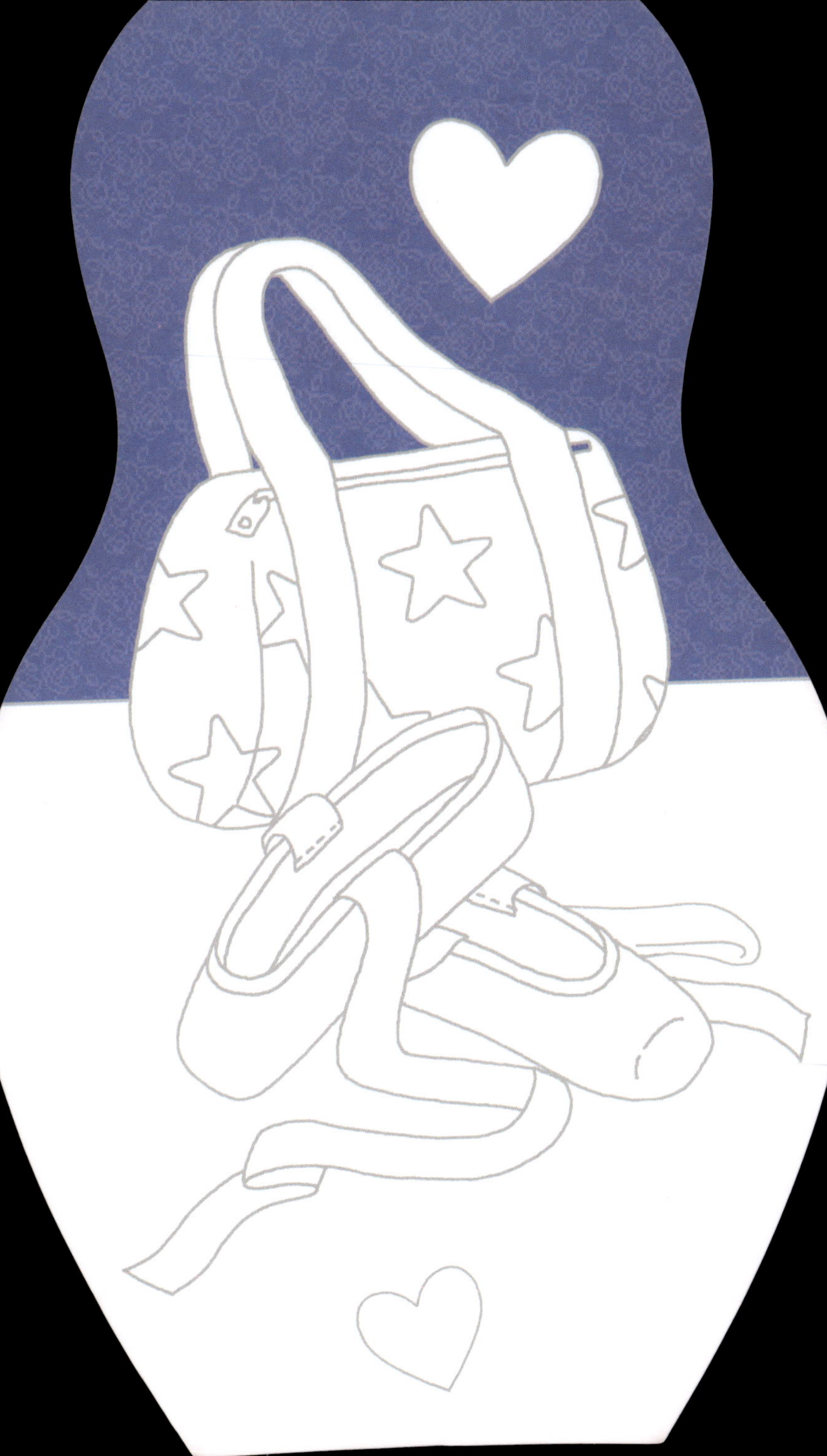

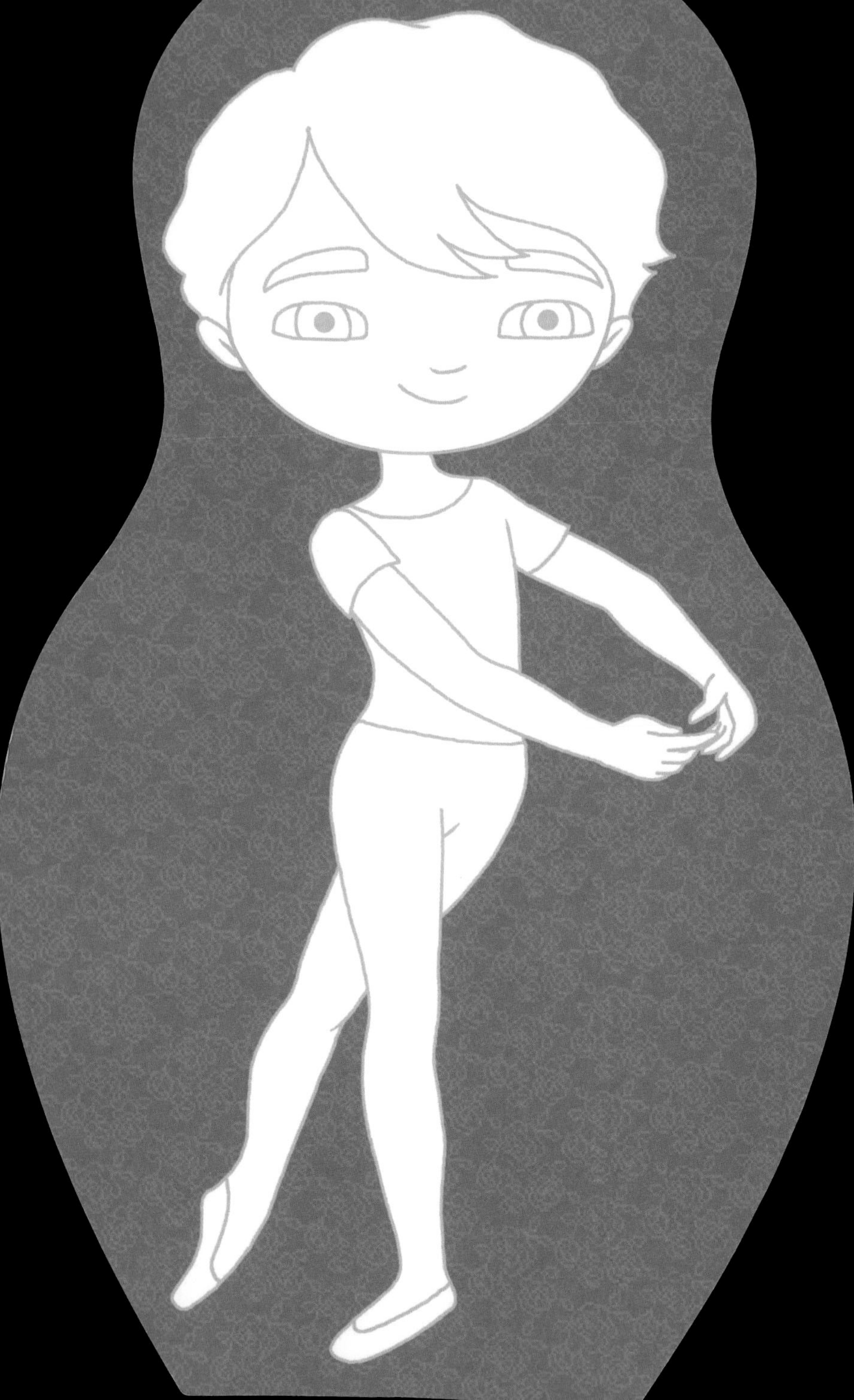

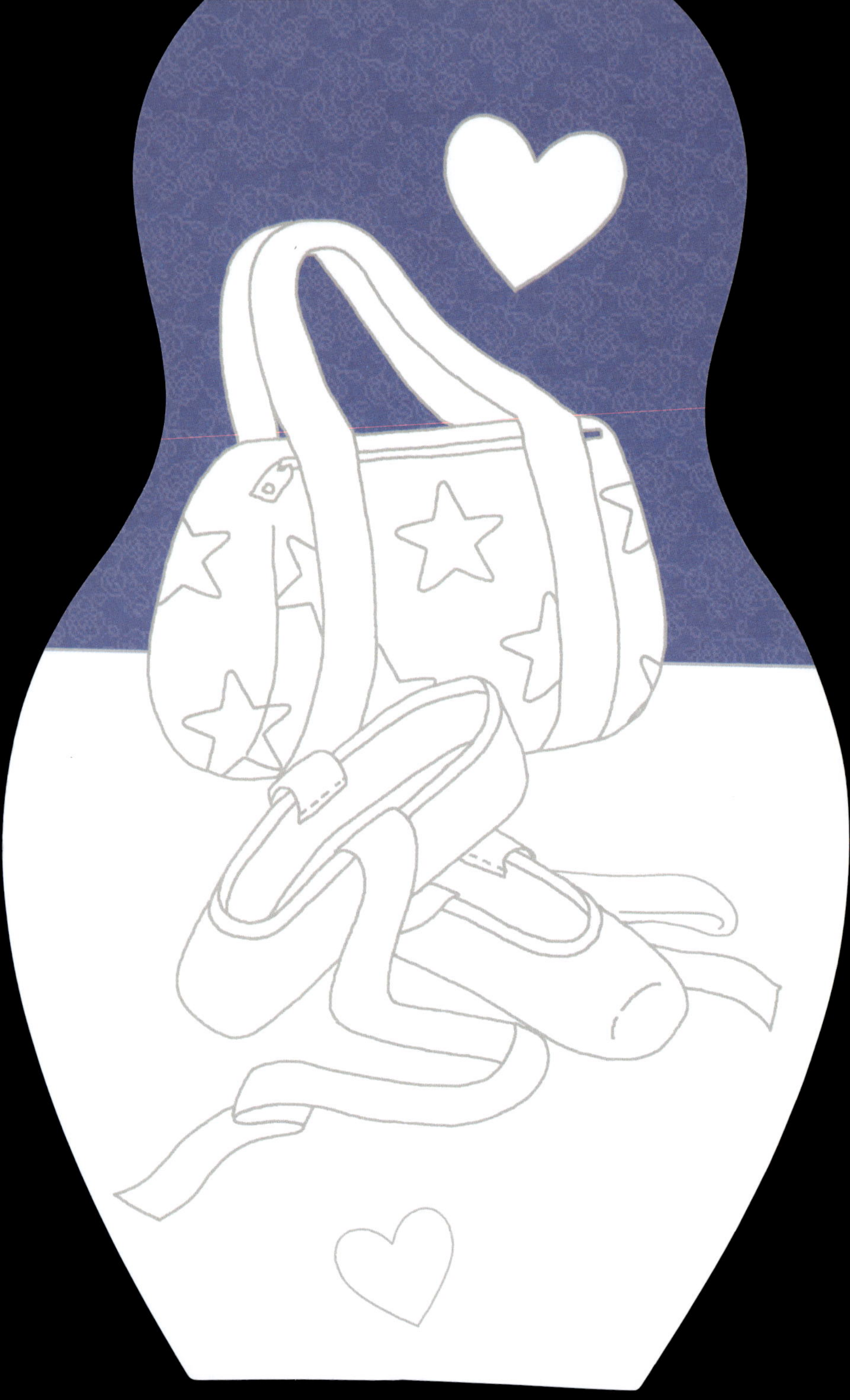

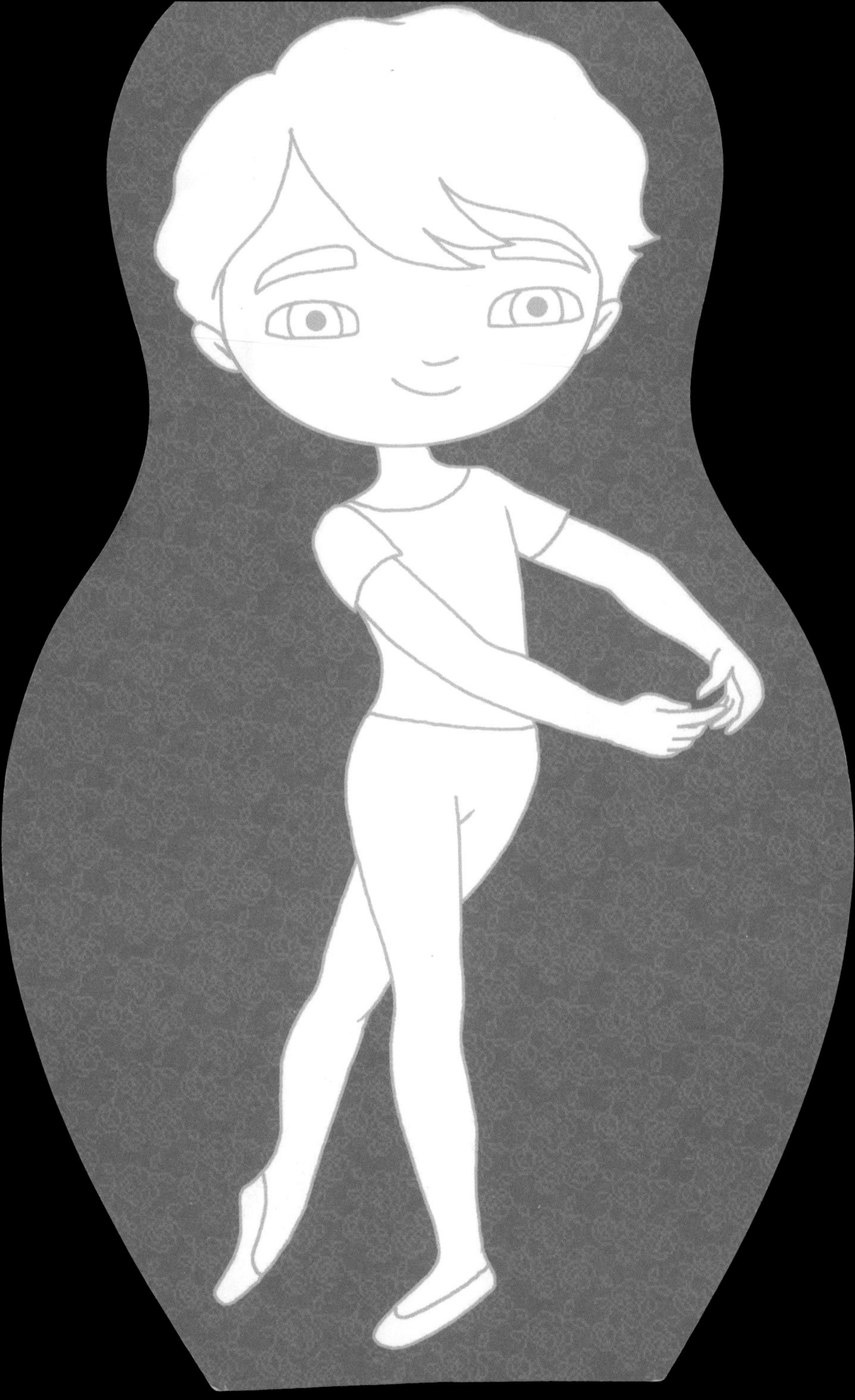